KB274730

허수아비

허수아비

지은이 | 유재원
펴낸이 | 임종대
펴낸곳 | 미래문화사

찍은 날 | 2003년 7월 5일
펴낸 날 | 2003년 7월 10일

등록 번호 | 제3-44호
등록 일자 | 1976년 10월 19일
주소 | 서울시 용산구 효창동 5-421
전화 | 715-4507 / 713-6647
팩시밀리 | 713-4805

Homepage | www.mrbooks.co.kr
E-mail | miraebooks@korea.com
        mirae715@hanmail.net

ⓒ 2003, 미래문화사
ISBN | 89-7299-257-7 03810

정가 | 5,000원

허수아비

유재원

미래문화사

시인의 말

그리움이 넘치면 언젠가는 이루어진다 했지
꿈이 새벽 문 열고 온 오늘이 그날.

꽃 등 같은 구름이 흐르는 날
사랑과 이별이란 가슴앓이로 쌓인 그리움
오늘에서야 훌훌 떠나는가 봅니다.
어린 아이처럼 갈 곳 몰라하는
철없는 저에게 생각하기도 과분한 영광과 보람을
선사해 주셨습니다.

나는 지나가는 인연을 잠시 잡고 있을 뿐이었네.

짧은 노래를 듣지만
여러분의 은혜는 나만의 종교인 양 가슴에 살아
숨쉬며 영영 떠나지 않을 것입니다.
푸른 세상에 새삼 고마움을 전합니다.

2003년 여름에
유재원 올림

차례

2 허수아비

3 바다

1 진달래

내 가슴 속
그 소녀라 하자

해당화

큰 사랑 원하지 않았다
그대 마음 바다에
작은 배 띄우고
노 저어 가면 그만이었다

영원한 사랑 바라지 않았다
돌아서는 그대 가슴에
눈물 한 포기 심고
잊지 않으면 그만이었다

저어도 저어도
닿을 수 없는 그대
수평선이 보이는 해안에
그리운 꽃 앉아 있다

채송화

사랑이란
그대 그리움이 자리하도록
내 마음을 비워 두는 것

사랑이란
그대 생각을 지우지 않고
긴 밤을 꼬박 지새우는 것

채송화 피는 길가에
작은 집을 짓고
오직 그대만을 기다리지만

사랑은 고추잠자리인가
날개를 반짝이며
작은 키의 하늘을 떠 간다

과꽃

환절기 사랑으로
닿을 수 없는 하늘 올려다보면
새 날아간 가지에
슬픈 울음이 걸려 있다

여자가 남자를 만나
속상하지 않는 날이 얼마나 되겠는가
하루에도 몇 번씩
봇짐을 싸고 있지만

그녀와 놀다 늦게 귀가해도
과꽃 그대는
언제나 정숙한 아내로
마음의 꽃밭 지킨다

자귀나무

내 마음
그대 부신 눈 되어
사랑의 밤별
함께 볼 수는 없는지요
어둠이 내린 하늘은
온통 별빛 소나기

내 마음
그대 다리 되어
사랑의 길
함께 갈 수는 없는지요
노을진 길엔
흐트러진 억겁의 인연

내 마음
그대 깊은 꿈 되어
긴 잠으로
가지런히 누울 수는 없는지요
가위눌린 가슴으로
밤마다 서로 부둥켜 안고

살구꽃

웃음 깔깔거리다
가지에 걸린 봄
가슴 어딘가에
아직 남아 있을 미움 털고
이미 예고된 꽃망울을
아침부터 터뜨린다

이제 우리
고귀한 사랑을 하자
누구라도 손잡을 수 있는
닫힌 마음의 문 열고
내리는 꽃비 속을
우산 없이 걸어 보자

찔레꽃

한낮에 떨어진
흰 꽃잎이 안주할 수 있는
구름 나라는 어디인가

한쪽 이야기만 듣고
하늘나라가 그토록 좋은 줄 알고
스스로 이승 떠나는 여행을 한다

아무 일도 아니라는 듯
가랑잎 배에 영혼 싣고
계절을 훌쩍 뛰어 떠난다

어느 길이라도 가면 되는 줄
봄비 재촉해 떠났지만
가랑잎 배는 안개의 길로 들어서고

안개는 습기를 내뿜어
젖은 향기를 물컹물컹 베어 물고
떠도는 영혼은 서서히 허물어져 갔다

누워 바라보면 빤한 저 하늘
찔레꽃 피는 계곡에는

침몰되어 시린 이 마음

그대 곤한 잠자리를 덮을
하얀 이불의 꿈
구름에 숨어 있는 아득한 이별을 보았다

장미

하늘의 별이
흐드러진 꽃으로 피어도
그대가 바라보지 않는다면
그 아름다움 무슨 소용인가

매혹의 향기
바리바리 담고 와도
그대가 떠난다면
그 사랑 무슨 소용인가

별은 사라지고
꽃잎에 고여 있는 그리움
찔린 가시의 아픔으로
지난 잘못을 씻을 수 있다만

한 줄기 바램이
서슴없이 소멸해 가고
장미를 닮을 수 없는
이 마음 서글퍼

코스모스

사랑 뒤에는
슬픈 이별이 있다는 것을
나는 왜 몰랐을까

먼 일처럼
아득한 가을 길에서
바람 불면 가련한 목 흔들고

그대가 날개를 달고 내려오기를
어쩌면 까만 꿈속에서
기다리고 있었는지 모른다

그대로가 가장 아름다운
잊고 있는 추억들
색색으로 아우성이 아니기를

개구리밥

정이란
내 가슴에 슬픔을 담고
그대에게 기쁨을 주는 것

정이란
내 서운함을 뒤에 두고
그대의 행복을 살펴 주는 것

왜가리떼 날아간 물논에
우렁이의 빈 껍질처럼
둥둥 태어나

세심히 몸 비비며
그대 떠다니는 가슴에
정을 남긴다

진달래

내 마음속
그 소녀라 하자

푸른 하늘에
그리움이 번져가는 시절
스스로 눈뜨는 동산에
한점 구름이 날아와선
피할 수 없이 눈빛 심고 가
소녀는
첫 생리를 터뜨렸다

붉은 피는 사이를 새어나와
뚝뚝 가지끝에 맺히어
오는대로 바람을 물들고
철새는 빨간 눈알 굴리고 날아
또 다른 하늘 물들이니니
가슴 속까지 빨간 세상이다

아직은 어둠이 남았는데
숲의 새 한 마리가
보기좋게 직선을 긋고 날아
고요히 별들이 숨겨가면

가벼운 바람에도 쉽사리 떨어진
구멍뚫린 한 장 꽃잎 속에
하얗게 우려진 눈물이
또 그렇게 고여있을 줄을

첫 순정을 잊는다는 것은
홀로 괴로움만 연속이고
일어서는 추억 뉘우려
서러운 시간만 흘러
때로는
가야할 궤도 이탈하여
파랑새 올려다 본다

붉게 흐르는 꽃잎들
내 가슴 속
그 소녀라 하자

바랭이풀

햇빛에 우산 들고
세상이 그늘이기를
고통스러운 현실을 애써 지웠다
눈물 가득한 이별을
눈살로 찌른 그대들이여
또 누구를 위해
한순간의 유성처럼
사랑을 불태운 적 있는지

지금은
흘린 눈물로 굳어 있지만
꺼진 촛불도 한때는
불타는 사랑을 위해
하염없는 눈물을 보였다
스스로 꽃잎을 지운
버릴 수도 잊을 수도 없는
내 눈에 참한 풀이여

백일홍

나는 물었다
태양보다 빛나는 꽃잎을
내보일 수 있냐고

나는 물었다
인정보다 강한 향기를
늘 뿌릴 수 있냐고

빨간 숯불로 타는 그대
열흘은 견디어 필까
의심이 정결한 나의 마음

그는 물었다
유혹의 바람 속에서
백날은 기다릴 수 있냐고

카네이션

사랑하는 당신 가슴에
붉은 카네이션 달고
― 내가 너무 무심했구나 ―
암울한 식민지 시절인 양
세월의 고단함을 산같이 지고
돌아서서 눈물 흘렸습니다

바쁘다는 핑계 속에
우리의 일상 이야기는
― 언제나 부모님 은혜를 ―
비 개인 어느 날
내 아기 감기 약을 사들고서야
당신의 사랑을 어렴풋 보았습니다

밤별보다 아득한
욕심 속에 세월을 잊고
― 좀 더 모아 효도하지 ―
갈퀴처럼 주름진 얼굴
천년 만년 살 줄 알았는데
오월이 갑니다
카네이션이 집니다

봉선화

참새가 요란한 아침의 창
아직 끝나지 않은 꿈이 날고 있다

삽시간에 몇 날을 보내고
지친 생명으로 누운 첫사랑은

돌멩이로 자근자근 두드리는
꽃물 들이기 의식

쉽게 버릴 수 없는 추억이
손 끝을 발갛게 태운다

봉선화는 그대 손톱 물들이고
그대는 이 가슴 물들인다

나팔꽃

저의 죽음 지니고 계신
세월이시여
서러운 꽃 시간을 그냥 두시고
어디로 가시나이까

서툰 밤 뒤척이다
눈 들어 쳐다보는 아침 하늘
무수히 흩어지는 부산한 시간 속을
힘차게 날아간 새
서쪽 나라 붉은 노을 등에 지고
하루의 휴식을 위해 깃드는
아침의 그 새 다시 볼 수 있도록
하루의 삶 주옵소서

가느다란 몸으로
아무리 올라도 닿을 수 없는
모든 것을 잃어버린 어둠의 하늘
문득 바라보아도
가슴에서부터 아름다운 별
소리없이 그렇게 잠든 대지에
살아 인정 뿌리는
보은의 나팔 불 수 있도록

하루의 삶 주옵소서

저의 운명 쥐고 계신
세월이시여
아무리 생각해도 꽃핀 한나절은
너무 짧사옵니다

녹두꽃

어둠이 총총한 세상
억압된 민초의 함성이 하늘을 연다

야윈 보리가 쓰러진 여울
신음이 나룻배를 타고 자지러져 간다

홀로 밤을 유영하다
눈 깜짝할 사이 떨어진 별똥별

그대는 누구시기에
혹독한 죽음 속에 살고 있는가

지금도 구름처럼 밀려오는 외침은
푸른 꽃 녹두장군

죽어야만 하늘을 오를 수 있는지
땅에는 슬픈 비 떨어지고

오만한 세상엔 울음이 아득해
아무것도 할 수 없는 약한 자는 슬프다

삶이 너무도 겨운 울타리 안
녹두꽃이 공포를 의지한다

해바라기

날개 없이 태어난 것이
무슨 죄가 되는 줄
높은 키의 몸 되어
오직 그대만을 바라봅니다

날개 없이 사모한 것이
이렇게 벌이 되는 줄
이른 아침부터 온종일
그대 앞에 섰습니다

높은 하늘에는
이 목숨 바친 태양
나에게 날개 달아 줄 사람은
어디에도 없고

오를 수 있는 곳까지
큰 키로 자란 열꽃
가슴을 새까맣게 태우고
오직 그대만을 바라봅니다

백합

금세 목욕 끝내고
낮달로 뽀얀 그대
부신 창가에 기대어
누군가를 기다린다

흔들고 가는
바람의 창 열면
이 세상에 없는 향기
벌거벗은 몸이 달려든다

백합은
지니고 있는 그리움을
바람개비처럼 돌리고
향기는 벽에 부딪혀 운다

들국화

이별이 너무 슬프면
또 다른 사랑을 맞이할 수 없다

그해의 비를 다 맞고 핀
먼 들의 꽃 들국화를 생각하며

이별이 원칙 없이 어우러진
낙엽 지는 세상을 본다

찬 이슬의 들국화
나는 무엇으로 여기에 있을까

모란

곤한 봄바람 속에
잠든 것처럼 고요히
모란이 피고 있지만
한쪽으로 치우친 아름다움에
나는 조금씩 날 잃어버리고 말았다

눈물로도 잡지 못한
가는 봄 속에는
모란의 사랑
내가 살아 있는 동안은
늘 고통스러운 인연이 되었다

구름나라를 산책하고
꽃밭에 귀가한 모란꽃
영혼으로 만나는 사랑을
단지 운명이라 부르기엔
내 마음이 너무 서러웠다

인동초

어디선가 날 찾고 있을
그를 위한 인동의 시간은 가고
미소가 바람의 다리를 딛고 온다

홀로 외롬의 창을 열면
인간의 사랑 그리도 아름다운 것인지
꽃이 지면 눈물 꽃이 핀다

어떤 떠나지 못한 인연인가
하얀 세상에서 혼자 눈을 떠
잠든 고통을 속으로 허물고

어제 오늘 일도 아닌데
찬바람이 가슴을 찢는
오늘에서야 깊은 속을 털어낸다

흰 나비 쏟아지는 산에
잘못을 대신 빌고
추위를 덮고 누운 추억

솔

숲 속 헤매는 영혼에
송충이 한 마리 뚝 떨어져
소스라친 바람처럼
재빨리 털어냈다

숲 속에 홀로 앉아 숨을 고르며
- 나는 누구인가 -
송충이는 자라 고운 나방 되고
나방은
사랑 위해 불길에 뛰어드는데

늘 깨끗한 체한
내 마음이 송충이였다
나방보다 오래 살았어도
사랑을 안고
불길에 뛰어든 적이 없다

떨어진 솔방울 구르다
데굴데굴 머무는 곳
내 영혼
그곳에 머물고 말 것을

바람꽃

죽을 때까지 모아
숨긴 보석이
아무리 많으면 무엇하나
누구도 찾지 못하는
가슴 어두운 곳에서
빛나는 보석이면 무엇하나

유성이 아름다운 것은
순간이었지만
바라보는 모두의 가슴에
밝게 빛을 보였기 때문이고
떠난 사람이 그리운 것은
잠시였지만
가라앉은 마음에
아쉬움을 남겼기 때문이다

펄럭이며 피어오른 바람꽃
바라보고 있어도
알 수 없는 것이 그대의 몸짓
흰 초롱에 귀 기울이던
나의 젊은 날이
꽃가마 타고 간다
구름 마차 타고 간다

메꽃

타다가 그만 불꺼진
이젠 아득한 사랑을
나는 슬픈 이야기라 했지만
동산 위에 눈뜨는 빛이
흐트러진 머리를 다듬고
그건 불장난이었다 하네

어수룩한 마음 한 곳에
나만의 곳간 짓고
등짐으로 벅찬 사랑 쌓는다
품속 살던 새가 날아간
아쉬움이 긴 이별은
하얗게 향기로운 이야기
나는 지나가는 인연을
잠시 잡고 있었을 뿐이었다

짧은 하루 보내고
백년 어둠 떠도는 꽃
별똥 같은 불장난이었지만
나의 가슴에 화석으로 새겨졌다
오늘도
발길에 지천인 들풀 속에서
너의 진솔한 이야기 듣는다

쥐똥나무

작은 꽃으로 피면
사랑도 작은 줄 알았다
길가에 서 있어도
손 내미는 사람 없고
흰 꽃을 종일 흔들어도
바라보는 사람 없고
늘 고독한
발소리만 들었다

하얀 꽃으로 지면
사랑도 하얀 줄 알았다
온몸으로 사랑한
속이 검게 탄 마음 잊은 채
같은 하늘 아래서는
모두가
똑같은 사랑인 줄 알았다

냉이꽃

누구보다 낮게 살아가면
치마 끝에 끌리는 꽃을 본다
푸른 빛이 흐를 때면
잠 설친 들새들이
하잘것없는 하루의 일
아련히 꽃줄기에 매달고
낮은 키의 겸손을 배운다
울타리의 담쟁이처럼
헝클어진 가슴마다
점점이
하얗게 뿌려진 꽃

누구보다 낮게 생각하면
들의 풀잎 노래 듣는다
바람이 살랑일 때는
멀미하듯
언제나 잊을 수 없는 그대
속상한 이야기들 다듬어
추억으로 소중히 간직할 수 있는
시골의 질긴 이야기
빛줄기들이 머무는 영토에
유유히
낮은 발소리로 피는 꽃

제비꽃

그대를 곁에 두고
누군가를 그리워했다

토담 아래는
키 작은 풀들의 고향
그 속에 제비꽃
가만가만 앉아 있어
만지는 손 끝으로
풀 냄새 배어 나오고

빤히 바라보고 있어도
어찌 그냥 지나쳤는지
꿈이 너무도 작아
내보이지 않는 심성
우리의 외면 때문일까

그대를 들여다보면
그 안에는 한 계절이 살고 있다

모과

내 몸 안에
동아줄보다 단단한 피멍이 굳어'
과일이라는 이름으로
더 나서지 못하고
계절이 떠나기를 바랐다

그대가 바라보는
열매가 될 수 없는데
깨물리지 않는 기쁨이
무슨 소용인가

그리움의 비 내리고
바랜 잎이 떨어지는 계절
모과는 향기로 남아
세상 어디에도 자리할
겨울 편지를 쓴다

꽃보다 진한
사랑 이야기를 쓴다

배꽃

봄빛 겨드랑이가 간지러운
눈부신 웃음이
흰 눈으로 쌓이는 과수원
까마귀의 꿈이 휘돌고 있는
고향 길을 연어처럼
이미 내가 밟고 있네

아직도 잊어야 할 추억이
더 남았을까
가시나무가 에워싼 마음
홀로 있으면
풀어 헤친 무서움이
하얀 먼지를 털고 있네

동백꽃

영혼마저 붉은
슬픔을 모아 문 해풍이
바다 건너 고깃배를 타고 온다

핏방울 떨어지는 계절
파도 앞에 모래성을 쌓아 놓고
보름달 속에 생리하는 여인

꼬막 같은 입술로
물빛 투정을 하면
동백은 늘 아픔이었지

동백꽃이 피면
바람 들어 시린 가슴에
때늦은 낙조가 번져 온다

할미꽃

얼마나 허기진 그리움이었을까
험한 자갈밭 세상에
맺힌 언덕 쌓고
전설 묻은 무덤을 만들었다

새벽이
배고픈 명상으로 온다
허리 굽은 수레에
봄을 싣고 왔다

공동묘지의 무서움은
솜보다 가벼운 햇빛에
묵은 추억을 털고
그렇게 사라지고 말았다

영산홍

그대 이름
겨우내 목 터지도록 불렀습니다
조급한 가슴에
뜨거운 입김 불어넣고
잔가지에 머물고 있는
사소한 이야기
활활 타오르기를

그대 모습
겨우내 눈물로 그리워했습니다
지친 마음
몸살로 날으는 새 되어
봄 노래 외치고
가지 곳곳에
꽃눈이 터지기를

라일락

네 영혼은
봄바람 속에 사는가 보다
내가 아무리 멀리 있어도
봄바람이 불면
너는 향기로 찾아 와
내 마음 미치도록 흔들고

네 영혼은
봄을 무척 사랑하는가 보다
내가 아무리 사모하여도
봄이 떠나면
너의 향기도 사라지고
추억마저 남기지 않는다

2 허수아비

그대 마음 훔치려다
이 마음 두고 올 세상
진정 헛된 꿈의 여행일까

허수아비

저 넓은 마음의 들
바람 젖은 허수아비
무엇으로 그곳에 서 있는가

날개의 나라 푸른 하늘
솔개 높이 날고
때론 까마귀 쉬어 가지만

참새는 물결인 듯
낮은 곳으로 몰려 흐르는
불쌍한 영혼 떼지어 잠든다

이 하늘 아래 솔개는 권력인가
이 땅 위 까마귀가 금력일까
서 있는 허수아비 두려움 없다

법이 그랬다
법은 허수아비 되어
참새로 나는 서민만을 잡는다

나는 왜 솔개 되지 못하고
나는 왜 까마귀 되지 못했을까
허수아비와 놀고 싶은데

아픈 메아리 사는 들
허수아비를 향한 나의 그리움
언제까지 지속되려나

참새의 높은 꿈
보이지 않는 그물로 엮어
허물어진 성벽 속으로 연행한다

구름이 몰려 오면
지상은 바람이 불고 또 불어
파도는 높아만 가고

아우성치며 내리는 비처럼
내 영혼 마지막 인연과 싸우다
땅에 묻혀 미움을 남기지만

오늘도 허수아비는 참새를 내치고
솔개는 허수아비 영토를 돌며
방향 없는 참새사냥을 한다

허공엔 수없이
갈래갈래 찢어진 참새의 마음
사랑의 상처를 키우고

노을이 쏟아진 붉은 세상
허수아비 발치에
나의 젊은 청춘이 엎드려 운다

물 위에 젖은 마음
바닷가 조개처럼 꼭꼭 숨어 울어
사랑은 아름다울 수만 없다

한쪽으로 기울임 없이
천칭을 들고 모두가 평등하다는
이룰 수 없는 이야기

자유는 피 보며 산다는
아름다운 거짓말
참새는 추락할 하늘을 떠가고

단풍처럼 속까지 붉은
피리 소리의 나의 피울음
이 하늘 마지막 설움이기를

그대 마음 훔치려다
이 마음 두고 올 세상
진정 헛된 꿈의 여행일까

하늘엔 뭉게구름
솜이불로 덮을 수 없지만
우리는 구름을 사랑했다

동산에 솟은 무지개
언제 작은 날개 쉼터 될 수 있을까
앉을 곳 몰라 서글픈 마음이여

어둠을 떠나보낸 새벽
찬물로 얼굴 씻은 듯
맑은 인연으로 다가올 수 있을지

그래도 참새는
따뜻한 가슴에 정을 품고 있다가
둥지에 미지의 알을 깐다

부족한 자질이 국민을 무시하고
사랑을 잃은 가슴이
자꾸만 서민을 억압하는

허수아비 빈 이름 속으로
떨어질 때까지 여린 꽃잎
찬 손에 쓸쓸히 이끌리지만

속살까지 시린 가슴
빛보다 그림자를 살필 줄 아는
너도 우리이기를

낮은 곳으로 몰리다 물로 흐를
잠시 정겨운 참새의 꿈
한가하게 바라볼 수는 없는지

그리운 가슴 도려내고
그대가 잡은 실줄에 매달려
연처럼 허공을 떠돌다

떨어진 낟알을 살필 때
국화꽃 향기 떨어져
나는 슬퍼 눈물 흘리고

검은 구름 속에서 새어나와
수없이 빙빙 돌다 하얗게 내리는 눈
똑같이 하얀 마음이었으면

강물 흐름 위에 흐느적
불빛은 붉은 꽃을 드리우고
나는 가슴을 다소곳 적신다

법은 허수아비
정쟁의 틈 사이로 눈길 보내다
결국 불쌍한 쪽에 칼을 휘둘러

구름이 떠난 하늘엔
아무것도 남은 게 없지만
우리는 침묵으로 분노했다

겨울바람이 차갑게 흔들고 떠나
이미 사랑을 잃은 가슴
무엇을 더 얻어야 고통을 잊을까

사욕을 자르고 하늘을
뚫린 가슴으로 높이 오른 방패연
모두 모여 우러러보았다

법은 허수아비였다
솔개 까마귀 갖고 놀다 버린
법은 펄럭이는 낡은 옷깃이었다

진달래 흐드러진 산하
땡빛이 타는 목마름으로 조여 와
하염없이 소멸된 빨간 꽃잎

이 몸이 허수아비에 옭매었으니
그리운 사랑 슬픈 이별
그대의 뜻에 따라 죽어 드리리라

철새 떠난 허수아비 영토
깃 남루한 봉황이
파멸의 고기를 찾아 날고

슬픈 일이지만
다시 일어선 솔개 까마귀
썩은 고기 안고 나직이 엎드렸다

언제나 허기진 가슴
또 얼마나 많은 아픔을 견디어야
그대와 삶을 바꿀 수 있는지

가을 낙엽 세상에는
야윈 웃음이 외롭게 뒹굴고
작은 바람에도 바르르 떠는 몸살

스스로 잠 못 이루는 밤
욕심에 이끌려 추억마저 버린 밤
참새는 품은 정을 깨뜨린다

걷다가 다시 넘어질까
종종걸음으로 빙판길을 가듯
무서움을 피하는 어설픈 마음

내놓고 찾을 수 없는
서늘한 세상을 미끄러져간
언제 돌아올 줄 모를 미소

물항아리 속에 달이 뜨고
그 속에는 또 다른 얼굴
한동안 잊고 있던 내 얼굴일까

밤마다 밤하늘에는
헤아리다 곧 잊을 수많은 별
그 별만큼 속상한 일이 산다

난치병을 안고 겨울강을 건너간
일광욕처럼 검게 그을린 상처
이 몸이 그렇게 시들어 갔지만

하얀 가루 뿌려 지울 수 없는
늙어도 버릴 수 없는 영욕은
살아 있는 뼈저린 후회

지금 땅 끝에 서 있어도
이 세상에 온 것만으로
내 인생은 아름다웠다

3 바다

난 바다가 좋다
집을 등에 지고 살아가는
작은 소라게 되고 싶다

겨울비

쏟아질 흰 눈이 되지 못하고
가슴마다
찬 눈물로 흘러야 하는
홀로 외로움이란 이름으로
겨울비는 내립니다

찬비를 흠뻑 쓰고나면
그리움이 손끝까지 저며 와
독감의 뜨거운 열기
사랑으로 다가와서는
좀처럼 떠나지 않습니다

겨울비는 차갑게
질그릇을 철철 넘쳐
깨질 수밖에 없는 내 가슴에 스며
지울 수 없는 그리움이
또다시 옹이로 박힙니다.

나의 작은 가을

가을을 한 폭 베어
나는 마음 담고
그대에게 선물하노라
깊은 가을 속
시름에 잠기는
무수히 흩어지는 고요
낙엽 세상을 본다

마른 손 같은 단풍잎으로
잠시 얼굴 가린다
새어드는 청빛 하늘은
홀로의 설움

나의 작은 가을
한 조각 끊어
그대에게 편지 보내노라

목침

누구의 발끝에 채이던
버려져 쓸모없는 한 토막
더 잘리어 목침이 되던 날
그렇게도 편안할 줄이야

딱딱한 아픔뿐이라고
어느 날 아늑한 안방에서 쫓겨
찬 마루에서 몇 계절 뒹굴어도
그대 미워할 줄 모르고

그늘이 그리운 여름날
게으른 사람들이 아쉬워 찾으면
낮잠 속으로
행복 긴 꿈 들려준다.

꽃으로 새긴 상처

사랑을 이제 말하리라
언제나 내 가슴에 있어
속삭이듯 멀리 번져가는
노을보다 붉게 타고 있노라고

몸을 바람에 맡기고 흔들리는 날에
나지막하게 구겨지는 휴지조각처럼
그대 언제든 버릴지라도
가지 떠나는 낙엽 되지 않겠다고

가슴을 단풍잎보다 붉게 태워
새빨간 키스 입술에 온통 새기고
오늘도 얼굴 우산으로 가려본다
사랑은 꽃으로 새긴 상처

낙엽

비질이 간결한
달빛의 발 거두는 새벽
밤사이 웬 가을 엽서가
바람없이 떨어진

긴 밤 지새운 사람
아 누구일까
곱게 물들인 조각들을
소리없이 보내는

정사

나는 열정으로
누운 그대 찔러 죽였다

통쾌한 리듬
언덕을 정복한 만족
그녀는 신음 소리로
죽음을 대신했다

시간이 흘러
식은땀과 오므라든 열정
쏟아지는 허무의 잠으로
죽은 것은 나였다

그녀는 부시시 일어나
죽은 나를 만져본다

별

달 밝은 밤이면
하늘엔 꽃이 핀다

외로운 꽃도 많다
그리운 꽃도 많다

하늘 저 멀리
당신 가슴엔 어느 꽃이 피고 있는가

바로 붉은 꽃이 당신 꽃이라면
내 마음은 이미 그 꽃의 향기를 품고 있다

님 그리운 밤이면
편지를 쓴다

내 마음 알건 말건
이 편지 가건 말건

단풍나무

한번 붉게 생겨난 단풍나무는
계절이 지나도 변하지 않는다
숱한 계절 속에
한번은 변함을 줄 수 있거늘
마음 어느 구석에
그토록 진한 그리움 남아서일까

아침처럼 빛내오는
꼬리쳐서 흐르는 물결같은
그 이야기가 밤을 새워도
단풍나무는
낙엽보다 붉게 탈 뿐
그래도 변함을 주지 않는다

타다가 태우다가
삼삼한 눈빛 건넬 수 있다면
손 벌린 일들이
바람 일구어 아무리 흔들어도
그대 모습
왜 그리 그리운지

구름

사랑했었다 한들
이렇게 헤어질 줄은 몰랐을 것이오

이별해야 한들
아주 갈 줄은 몰랐을 것이오

누가 먼저 가자고 졸랐오
그리고 좇아나선건 누구였오

아아 생각하지 말아요
누구나 끝이 없이 떠나야 될 걸

사랑과 이별은
바람 속 구름이려오

바람의 시작

바람의 시작은
까칠한 시골 아이가
주머니에서 꺼낸 한줌 구름이
움킨 작은 손아귀에 살다
아무렇게나 던져질 때다

졸졸졸
구름 묻은 손 닦으면
눈먼 소녀의
오직 눈뜨는 것이 소망인 것처럼
팔 벌리고 달려온 바람
물소리 가슴을 안는다

어지간하면
가만히 있어야 하는데
만나는 사람들마다
꿈이 너무도 많아
하늘 구름처럼
바라볼 때마다 다른 모양 보이고

옥수수밭

먼지의 고향 같은
마른허리 보이는 산등성
손에 잡히는 것이 별로 없을
땀방울 심고
배고픈 사람들은
바위같이 단단한 열매가 옥수수이기를

벌거벗은 바람이
잎새를 흔들어 밤 지새우던 날
그림자 쏟아낸 달빛 있어
날카로운 마디마다
배가 불러오는 옥수수
애비없는 아이 뱄다고
이웃이 이야기 꾸민다

긴 가뭄에 그을린
보릿고개 넘는 사람들
때로는 칼날 같은 껍질에
붉은 핏방울 아픔 보이고

강물 속에 뜨는 별

하늘에 별이 뜨는 날
강물은 별 바닥에 늘어놓고
밖으로 내놓지 못해
늘 속으로 울어야 했다

잠긴 작은 눈들이
강 바닥에 촘촘히 박혀
여린 마음들은
밑으로만 흘러
누워서 그대 바라본다

옛 일 잊자고
청산 둘러온 물소리
밤 흐름에 떠 가고
헤엄 모르는 별들
대신 밤 지새운다

된장독

뒤란의 작은 성
둥그런 세월 들추면
오래된 이야기들이
가슴까지 차 있다
넉넉히 배 내밀며

도망가는 세월 속에
나이 보이잖게 묻어본다
물밑 협상하는 정치를
무심코 잊고서
순간이지만
얼굴 스친 그 바람 새롭다

달도 밝은데
항아리는 어둠 깔고 앉아
들려오는 전설 깨물고
얼굴에 새겨지는 주름은
어쩔 수가 없나 보다
등으로 쌓이는 고독들

기차

수많은 인생을 매달고
멀리 아지랑이 속에서
탄탄한 가슴 내민다
기차는
세월보다 빨리 바람 속을 헤집고

기찻길 소리는 요란해
입술이 노랗게 부르튼 개나리꽃
늘어진 허리 흔들고
바람의 조잘거림도
쇳소리에 그만 흩어지고

진달래 핀 산길에
외로운 두 줄기 빛
갔다 돌아오지 못한 사람들
손을 흔들고 돌아선 사람들
오늘도 기차는 달리는데

무사히 도착했다는 안심으로

봄비

어디로 가십니까
올려보면 까마득히 먼
서러운 줄기들이 흩어지고
닿으면 허기진 속을
다칠 수 없는 꽃불이 튀고

어디로 가십니까
들어보면 고요히 걸어오는
잠을 깬 잎새의 부딪침
잡으면 자락만 흔들리어
간지러운 미소가 흐르고

하늘의 슬픈 이야기
땅으로 찬비 내리고
찬비 맞으며 태어난 푸른 잎에서
수없는 꽃 이름 듣는다
새벽처럼 소리없이 떠나는
봄비
또 어디로 가십니까

휘파람

누군가
그대 가슴 빗장 열기 위한
회심의 휘파람 분다

휘파람 소리 들리어
철새는 대합실에
품고 있던 기다림 놓고
봉우리에서 때로는
비단실 같은 빛줄기 밟고
아슬히 줄타기 걸음 한다
멀리는 등불처럼
깜빡이는 창

오늘도
그대 가슴 빗장 열기 위한
휘파람 불어본다

휘파람 소리 들리어
거미줄 같은 그리움의 파문이
저민 가슴에 말발굽으로 치닫고
새벽은 언제나
별들이 물방울처럼 사라진다

저기는 안개 속
늑대 울음이 숨어있고

하늘

넓은 하늘도
나에겐 필요 없어
보이는 곳만
푸른 하늘이면 좋겠어

아무리 큰 사랑이라 해도
난 원하지 않아
그대 사랑 한 조각 구름으로
내 가슴에 내렸으면 좋겠어

바람 불어
쉽사리 사라질 사랑이라면
차라리 마음 가득
먹구름을 채워 줘

너에게

네가 너무 밝은 곳에 있다면
눈부셔 바라볼 수가 없다

네가 너무 어두운 곳에 있다면
밤이 길어 찾을 수가 없다

밤이면 별로 살다
하늘에서 내려온 바람 되어

푸른 메아리 울음으로
들꽃을 흔들고 떠나가는 너

눈먼 듯 한번이라도
이 마음 스치고 갈 수는 없을까

오늘도 밤별 떨어지기를
멍한 가슴 열고 기다린다

그리움

소원해진 틈으로
날카롭게 꽂힌
목 안에 가시 하나 간직하고
보일 수 없는
고통의 날을 산다

어떻게 대답하랴
큰 목소리로 말을 하면
더욱 찔려오는 아픔
이제는 쉽게
삼킬 수도 없는 사랑

외로운 하루
흰 꽃잎으로 뜬
하얗게 질린 낮달은
소리없이 기우는
저 그리움

사랑니

문틈을 사각거리는
밤의 생쥐처럼
바람자락을 물어 뜯고
가슴 한 곳에
그리운 흉터를 만든다

흙에 묻은 항아리 속에서
막 꺼낸 김치처럼
아삭아삭 씹히는 사랑
붉은 입술에서
꽃향기로 피어나지만

생각 뒤편으로 조여오는
그대는 아픈 거짓말
어쩌면 버릴지도 모를
뭉친 속앓이
지금 말할 수 있을까

개구리 사랑

겨울 내내
땅속에서 당신 그리다
이른 봄 물 논에 모여
다같이 개골개골
사랑노래 불렀네

영원히 떨어질 줄 모를
당신 몸에 붙어
등 넓은 정을 두드리고
줄줄이 쏟아질
사랑 꿈꾸었네

환한 물세상
둥실둥실 작은 우주
깨진 꿈 살랑이다
아픈 이별
펄쩍 저만치 뛰어갔네

키스

겨울 입김으로
진달래 꽃향기 가득
입 속에 베어 문 듯
아찔한 시간이었네

미진한 마음이
한 움큼 불을 삼킨 듯
뜨거워 어쩔 줄 모를
아득한 추억이었네

바다

난 바다가 좋다
엄마의 바다에서
물고기처럼 떠돌고 싶다

난 바다가 좋다
섬의 발등을 간지른
푸른 파도 되고 싶다

난 바다가 좋다
집을 등에 지고 살아가는
작은 소라게 되고 싶다

사랑하다 죽으면

사랑을 안고 죽으면
빛나는 별이 된다고

그리움을 품고 죽으면
흘러가는 구름이 된다고

이별을 들고 죽으면
떠도는 바람이 된다고

슬픔을 담고 죽으면
적시는 빗물이 된다고

그대를 생각하다 죽으면
별도 구름도 바람도 빗물도 된다네

뜰 앞에

별빛 두런대는
뜰 앞에
떠내려간 종이배처럼
아쉬움이 긴 날은
취한 꽃향기가
미련을 더듬거린다

달빛 걸어둔
뜰 앞에
물비린내 하얗게 닦아내는
외로움이 깊은 날은
한 잔 술로
시름을 벗는다

용서하며

짙은 휘파람 같은
그대 그리움에
헛된 꿈을 꾸는
나의 외로움이
가라앉도록 무겁게 얹혀주는 줄
가혹하게 잊고
용서하며 별을 본다
눈 껍질 벗고
봄꽃으로 피어야 할 용서

홀로 서 있는 나에게
서기가 빛을 발할 것만 같은
고귀한 생각에 얽매어
그대 슬픔에 살아도
지천인 행복 베풀지 못한 채
내 마음만 용서하며
욕심의 성에 갇혀 산다
숯검정 촘촘히 칠한
처마 아래 어둠으로 쌓인 용서

새털구름

깃이 날린다고
새들이 자고 간 것은 아니다

하늘엔 순간순간
뽀얀 조약돌 소리
타고 갈 수레엔 발자국이 어지러운
미친 그리움이 다가오고

못 믿을 입술 사이를
바늘 끝처럼 아프게 찔러온
은밀히 발기된 미움
여린 꽃잎을 마음껏 헤치고

발 시린 겨울
날개들이 하늘을 저어간다

정

정은
마주보고 마시는
작은 찻잔 속에서
우러날 수도 있어

정은
낡은 고무신에
퀘퀘 쌓인 먼지 마냥
묵어도 정겨울 수도 있어

정은
꽃길을 산책하듯
늘 신선할 수 없지만
추억을 얘기할 수도 있어

정은
소라껍질 속에
바다 이야기 담듯
편지로 보낼 수도 있어

길

이 세상에서 가장
맑은 눈물 흘릴 수 있도록
슬픔을 알게 해 주세요

바람 속 수양버들 같이
치렁치렁한 그리움
마음 가득 흐르게 해 주세요

사랑을 못 잊은 형벌
수수깡처럼 비쩍 마른 몸이
홀로 걸어가는 길

맺은 인연의 꽃 시들게 한
너무도 커다란 죄
모두 어둠에 묻어 주세요

길가의 낮은 들꽃
더욱 붉게 물들 수 있도록
피눈물 흘리게 해 주세요

바람

그리운 가슴에
당신이 심은 나무 한 그루
바람 불어
우수수 잎이 떨어지면
그것이 슬픔인가요

낙엽이 까맣게
먹구름으로 쌓인 가슴
바람 불어
속살이 하얗게 보이면
여전히 사랑인가요

별이 잠든 날
가지에 매달린 미련을 흔드는
바람 속에
당신은 그리움을 심고
나는 가슴앓이를 키웁니다

모래시계

중간이 잘릴 유리병
가루인생 담아 두고
흘러내리는 꿈을 꾼다

어디가도 찾을 수 없는 청춘
그대가 뒤집으면
또다시 시작인 것을

속까지 하얗게 보이는
남김없이 흘러내린 꿈
그대 어느 하늘 아래 있는가

세상에서 제일 슬픈 추억은
그대가 나를 잊었다는 것
아래로 마른 눈물 쌓인다

잔소리

부부는 악연이라 했지
날이 갈수록
더욱 뜨겁게 달군
양철통 속의 메뚜기

귀 막고
입만 바라볼 수 없을까
하루에도 몇 번씩
그녀 죽음을 기도하고

참지 못할 아픔이지만
뼈에 붙은 괴로움 하나 뽑아
벙어리 여인으로 키워
내 색시 만들었으면

얼마나 더 지내야
그녀 잔소리 자장가 될까
오늘도 나가 죽어야 할
살아 있는 것이 죄

누가 반쪽이라 했던가
오늘도 살아 있어

잔소리 챙겨 등에 지고
죽음을 향해 걷는다

기도

제가 가는 삶 속에
남에게 내보이려 한 이름으로
몸 안 가득 차 오른 욕심
이젠 거두어 빈 곳이 많게 해 주세요

밤이면 별을 덮고
아침이면 이슬을 털고 일어나
발아래 누운 풀잎이
늘 예쁘게 보이도록 해 주세요

작은 새소리가
물길 따라 가지런히 걷는
아름다운 이 땅에서
그리운 사람에게 편지를 쓰고

떠난 새들이 노을을 지고 오면
잘못을 어둠처럼 지울 수 있도록
시들은 가슴에
용기의 비를 내려 주세요

고무신

때가 어우러진
그 질긴 가난을 신고

냄새가 미끈거리는
옛날 검정 고무신

바람이
바다소식 전하지만

속이 보이는 세상
송사리 몇 마리 산다

미련

그대를 만나 죽을 때까지
내 진정 사랑한 날은 몇 날이나 될까

오늘도 타인과 비교한
그대를 만난 후회가
고목 나무껍질처럼 거칠게 설켜
가슴 깊은 곳에 돌무덤 쌓고
아픔이 무거운 세월 살았다

차라리 그 잊었더라면
지금쯤 나르는 새 되어
솟구친 파란빛 무수히 헤치고
바람 타고 하염없이 날고 있겠지

그대를 만나 지금까지
내 진정 사랑 준 날은 몇 날이나 될까

앙코르 여행

지평선 가르고
그리움 풀풀 날리는 붉은 길
바람에 쓸려온 나뭇잎처럼
소풍 같은 마음이 간다

하늘엔 별 닦은 듯 빛나고
누운 달빛이 유유히 떠가는
꿈마저 그렇게 깊어 간
여기는 멀리 남국의 밤

활활 타오르는 태양
그만 잠기고 말 호수에
꽃 등 같은 구름 남기고
대해를 아득히 떠돌아야 했지만

돌아온 억겁의 인연인가
철철 흐른 눈물 굳어
돌마다 인간의 영혼 담고
신의 세상이 열리고 있었다

거칠 것 없이 벗은 알몸
고독은 밀림처럼 가득 밀려

숭배한 돌들이
떨고 있는 인간을 다스리고

돌탑은 빛 속 그림자
검은 젊음 지우고 사라진 넋
늘 푸른 야자나무보다
오늘도 높은 보석으로 빛나는데

그대여
지금 무엇으로 서 있는가
잃어버린 슬픈 왕국을
단 한번이라도 기억할 수 있다면

잠시 머물다 떠날 이 땅
그렇게 짧은 사랑 위해
한없는 눈물 흘린 것은
나의 무정한 사치였다

이제 세상 끝은 어디인가
어둠이 스민 외롬의 파도를 타도
잃어버린 왕국을 기억했다면
우리 인생은 진정 아름다웠다

강가에서

바람이 불었네
그리움이 출렁거렸네

흐르는 달빛 속
가슴 열고
그대 누운 사랑 안아
영혼을 재웠지만

강가에는
시간을 싣고 간
나룻배
어둠을 흔들고 있었네

강물은
떠날 이별을 사랑했고
나는
짧은 사랑을 그리워했네

오늘(결혼에 부쳐)

그리움이 넘치면
언젠가는 만난다 했지
꿈이 새벽 문 열고 온
오늘이 그날

한 결은 내려앉은 하늘
작은 배 돛 빌려 단
미소가 훨훨
흰 구름으로 떠가지만

살다가 생긴 변명은
밤마다 빛나는 별
늘 아름답게 바라보며
이별 생각하는지도 모르지

가슴에 붉은 노을로 번진
아, 첫사랑
세월이 흔적마저 지워
이제 타인으로 여겨질지라도

낮게 핀 꽃이
비바람 두려워 않는 것처럼

우리 삶은
아무 조건 없이 참는 거야

4 별이 뜨면 부르는 노래

사랑을 키우려고
사랑에 커다란 옷을 입혀도
누구나가 작다고 말하여서
내 사랑은 어쩔 수 없는 송사리

1

날갯짓
퍼득이다 마는 한세상
무엇을 얻으려
떨어지는 나뭇잎조차
그리워 하는가

이 땅이 변하여
모두가 다시 태어나도
슬픈 목소리 새는
슬프게 우는 것을

계절이 지나간 자리
이제는 잊으려 하지 말고
사랑하는 이에게
사랑 노래를

2

울지 않으려고
눈감고 죽는 연습하면
꼭 잊어야 할 추억이
비에 젖은 옷으로
몸을 칭칭 매어오는 아픔

세상이 너무 우울하여
깃 사이 찾아들다
가지를 흔들고 가는 바람처럼
이제는 돌아서야 하는데
거기에 당신 두고는
차마 못 떠나겠네

그래도 바람은 분다
갈 길 하늘 끝처럼
아득만 한데
지금쯤 잊자
생각을 지우려 하는 것은
아직도 사랑이 남아서일까

3

소리없는 영혼이
하늘 끝에 잠들어 있어요
뜬구름처럼
머물지 못하는 영혼이
그렇게 잠들어 있어요

오늘도 구름은 흘러갑니다
잠든 영혼 깨면
다시 서러운 세상
비극의 주인으로 살아야 되는데
구름은 자꾸 흘러갑니다

푸른 하늘에
드디어 막이 오릅니다
영혼이 깨어나 기지개를 켭니다
슬픈 목소리 새들은 바람을 향해
참고 있던 사랑 노래
울고 또 웁니다

4

가을날 참새 같이
사랑이 살찔 때도 있어요
하늘 향한 날개 짓으로
바람 가르며
그래도 높은 줄 몰랐어요

계절이 눈 감았어요
모두가 죽은 듯 고요해요
숨소리조차 들리지 않는 세상
멀리 올려다 보면
까마득한 하늘 끝

제자리 걸음으로
어둠을 꽃피우는 별
밤이면 어김없이 찾아와
잊어야 할 이야기와
밤새도록 마주하고
아침이면 참새 한 마리 날아갑니다

5

눈물은
동공 속에 이는 파문
슬픔 보이려
마음 두드리는 고동으로
맺힌 이슬
밖으로 내보이는 것

그리운 생각이
마른 가슴 태우고
타는 연기가 매워서
재가 될 수 없는 사연들은
하나 둘 셋
돌아서서 눈물 지웁니다

비가 부득부득 옵니다
가슴에 질게 스미라는 듯
잔잔히 내립니다
팽팽한 우산 위에는
통통 튀어오르는 그리움

6

짠
바닷물 속에 사는 고기들
물이 아무리 짜다 한들
살점마저 짠 것은 아닙니다

바다가 그렇게 넓어도
새우는 물 속이 좁다고 생각하여
등 구부리고 몸 주려 살아갑니다
바다보다 커다란 욕심들
모두가 사랑으로 참아야 합니다

욕심은
더 큰 욕심 불러 오고
바닷물이 전부 제것이라 해도
살 속에 간 배는 것은 아닙니다
바닷물 출렁이면
출렁이며 살아야 합니다

7

피는 꽃잎따라 부르는
노래는 즐겁습니다
사랑이 시작되어
사람들을 즐겁게 하는
그 노래는 아름답게 들립니다

지는 꽃잎따라 부르는
노래는 슬픕니다
사랑이 끝이 나
사람들을 슬프게 하는
그 노래는 서글프게 들립니다

피는 꽃잎도
지는 꽃잎도
사랑을 알고 있습니다
미소짓는 마음도
눈물짓는 마음도
사랑은 알고 있습니다

8

내가 너를 바라볼 때는
웃음 참고 있는 거야
보란 듯 벌린
꽃잎들처럼
향기 가득한 미소
보이고 싶은 거야

내가 하늘 멀리 바라보는 것은
눈물 감추고 싶은 거야
기러기
아슬히 건넌 하늘에
슬픔 씻고 있는 거야

이제는
진실 간직하지 않을 거야
겨울이 가고 봄이 와
다시 꽃 핀다 해도
꽃이 피는 진실
간직하지 않을 거야

9

나 혼자
밤하늘 바라보면
하늘엔
외로운 꽃이 가득하고

그대와
밤하늘 바라보면
하늘엔 정다운 꽃이 지천이고

아아
내 마음 몰라라
잊을 수 없이 깜빡이는
욕심없는 사랑
당신만 바라보고 살았으면

10

보일 수 없는
내 사랑
그대 가슴 어디쯤
고여 있을까

새벽안개 걷히고
솟는 햇빛 속에서도
보일 수 없는
밤길 같은 아득함

바라보면
설움이 흐르고
더듬어 손 잡아도
곁에 있지 않은 그대

11

서로 부딪혀 사는
우리의 세상
되는 일보다
안되는 일이 많다

어차피
안되는 일 가지고
될 일처럼 싸우다
지치고 마는 것이다

삶은 고단한 길
마시고 난 빈 병 같은 것
생은 떨어지는 별
잠깐 타다가 사라지는 것

12

당신은
왜 이제 나타났나요
우리는 어디서 만나야 될까요
당신 뒤를 따라가기엔
당신 걸음이 너무 빨랐어요

눈물을 닦고 웃어보이면
옛날처럼 돌아올까요
다음에 만난다 해도
당신은
저만치서 걸어야 해요

다시 찾지 않을 줄 알았어요
먼 하늘 나는 기러기처럼
울지 말고 떠나줘요
눈물은
나를 슬프게 만드니까요

13

누구든지
소중한 것은 몰래 감춘다
아무도 알 수 없는 곳에
혼자만의 비밀
그곳이 금고인 양 가두어 둔다

아이는 사탕을 서랍에 감추고
여자는 패물을 장롱에 감추고
정치인은 욕심을 뱃속에 감추고
우리는 그리움 가슴에 감춘다

지금의 시간
못찾은 사탕이 남아 있을까
어린 추억의 다락 뒤지니
괴로움이 사는 먼지의 세상뿐이네
차라리 가슴에 가두어 둘 걸
먼지는 먼지인 채로

14

울 안 화초잎
비 맞고 파래지 듯
그대 그리운 눈물 떨어져
내 사랑 더욱 선명해라

어제 구름
오늘은 비
내일은 맑음
가슴에 빛드는 시간은

그대 진실한 사랑
이제야 싹을 틔우니
밤마다
별이 뜨면 부르는 노래

15

추운 겨울에는
따뜻한 햇살이 있어 좋다
더운 여름에는
시원한 그늘이 있어 좋다

이 밤이 가면
내일은 어디에
소쩍새 목놓아 밤새 울고
졸린 달 기울다 누워도
잠 못 이루는 나그네

하룻밤은 나그네의 슬픈 꿈
달빛에
고요히 여무는 수심이
가야 할 길 위에
이슬이 되어 떨어진다

16

오늘도 그리운 마음이
그대에게 편지를 쓴다
이 가슴 사랑을 그리다
세상 모든 것 생각해봐도
사랑 이야기는 적을 수 없다

지난 일들을 띄운
찻잔은 식어가고
유난히 추워보이는
그대의 어깨 위로
서러운 눈빛이 흐른다

오늘도 그리운 마음이
그대에게 편지를 쓴다
슬픔이 살아 나부끼어도
안녕 이 말은 적을 수가 없다

17

그대여
봄비로 오시렵니까
그믐밤 같이 막막해
바라볼 수 없는 이 세상을 향해

봄비는
울타리에도 내려
울 밑엔
무수히 쏟아진 봄의 이야기
감기 속의 기침으로
가끔은 멀어져 가고

노랗게 자지러진
개나리의 꽃잎마다
아이들의 책 읽는 소리가 들리고
시루 속엔 그리움만
햇쑥처럼 자라고

18

사월이면
한아름 과수원에
붉은 봉숭아꽃 더없이 핀다
늘 부끄러워하면서
푸른 잎새를 제치고

거리는 잎새처럼 부대끼는 사람들
모두는 그렇게 무심하여
혼자 이별을 한다
이미 침묵으로 와버린 봄
혼자만의 근심인지

사월이면
그대의 볼에 피는 꽃
헝클어진 바람 속으로
붉은 복숭아 꽃잎이 날려
하늘에는
그리움의 별이 흐르고

작품해설

I
서정적 시향 넘치는 삶의 열창

윤병로

II
꽃을 위한 연가

이충운

서정적 시향詩香 넘치는 삶의 열창

윤병로 ‖ 문학평론가, 성균관대 명예 교수

유재원 시인의 장시《허수아비》가 제13회 충청문학상을 수상했다. 수상 시가 표제가 된 그의 제7시집《허수아비》를 초하初夏의 청풍을 그리워하는 시단의 들녘에서 반갑게 만나게 되었다.

유재원 시인은 우리의 통념적 문인들과는 각별한 직종의 시인이다. 그는 오랜동안 일선 파출소에서 주야불식으로 대민봉사하는 경찰로 활동하면서 틈틈이 시작을 지속해 왔다.

1991년에 시집《그물을 던지면 별들이 눈을 뜨고》를 내놓아 그의 특이한 시세계와 함께 우리 시독자에게 크게 주목되어 화제가 되었다.

유재원 시인은 첫 시집《그물을 던지면 별들이 눈을 뜨고》를 내놓고 1993년에《한겨레 문학》으로 등단 후 오늘에까지 근 10년여의 왕성한 시력을 쌓아 왔다. 그의 열정적 시쓰기는 7권의 시집이 지속적으로 출산되어 온 사실로도 역력히 실증된다고 하겠다.

특히 그의 시적 업적이 크게 평가되어 올해 충청문학상의 영예를 차지했다. 그 감격을 이번 시집의 머리말에서

이렇게 피력하고 있다.

  꽃 등 같은 구름이 흐르는 날
  사랑과 이별이란 가슴앓이로 쌓인 그리움
  오늘에서야 훌훌 떠나는가 봅니다.
  어린 아이처럼 갈 곳 몰라하는
  철없는 저에게 생각하기도 과분한 영광과 보람을
  선사해 주셨습니다.

— 〈시인의 말〉 중에서

  이렇듯 '사랑과 이별'의 가슴앓이로 고뇌하던 유시인
은 15년이란 긴 경찰공직에서 벗어나 본격적인 시작詩作활
동을 벌이게 되었다. 오늘의 탄탄한 시적 기반을 구축하
게 되었으니 그 보람을 스스로 자족할만 하지 않는가.
  이번 시집《허수아비》는 1부 〈진달래〉를 비롯, 전 4부
로 나뉘어 서로 특색있는 시편들로 짜여져 있다.
  1부 〈진달래〉 편에 수록된 시 〈해당화〉를 필두로 참으
로 다양한 초목과 꽃들이 시제로 읊어져 서정적 시향이
물씬 풍긴다고 하겠다.
  그 많은 시편들에서 더욱 친근하게 다가오는 〈살구꽃〉
과 〈카네이션〉을 감동깊게 음미해 본다. 유시인의 꽃에
대한 열애와 찬미는 결코 외관적인 완상에 머물지 않는
다. 우리의 닫힌 마음을 크게 열게 하는 역동성을 공감하
게 한다.

  이제 우리

고귀한 사랑을 하자
누구라도 손잡을 수 있는
닫힌 마음의 문 열고
내리는 꽃비 속을
우산 없이 걸어 보자

- 〈살구꽃〉 중에서

시인의 자유분방한 낭만적 시심을 감지케 하는 〈살구꽃〉과 함께 지극한 효심을 아름답게 담아 내고 있는 〈카네이션〉을 정감 있게 만나게 된다.
훈풍 부는 5월 가정의 달, 특히 '어버이날'에 카네이션 한 송이의 의미를 깊이 있게 씹어 보는 시인의 갸륵한 심회가 서정적 시상으로 열창되고 있어 주목된다.

바쁘다는 핑계 속에
우리의 일상 이야기는
- 언제나 부모님 은혜를 -
비 개인 어느 날
내 아기 감기약을 사들고서야
당신의 사랑을 어렴풋 보았습니다

밤별보다 아득한
욕심 속에 세월을 잊고
- 좀 더 모아 효도하지 -
칼퀴처럼 주름진 얼굴
천년 만년 살 줄 알았는데

오월이 갑니다
카네이션이 집니다

– 〈카네이션〉 중에서

유시인의 다양한 꽃을 통한 시적 이미지는 우리의 일상
과 밀접히 관련된 공감대로 읊어져 시적 효능을 한층 증
폭시키고 있다고 하겠다.
　2부 〈허수아비〉는 한 편의 장시로서 '그대 마음 훔치려
다 이 마음 두고 올 세상, 진정 헛된 꿈의 여행일까' 란 부
제가 붙여진 특이한 시상을 담아내고 있다. 3행 시형으로
'허수아비' 를 의인화해서 우리의 삶을 깊이 자성케한다.
이 시편에서 짙은 상징적 시상으로 읊어진 몇 구절을 음
미해 본다.

이 하늘 아래 솔개는 권력인가
이 땅 위 까마귀가 금력일까
서 있는 허수아비 두려움 없다

법이 그랬다
법은 허수아비 되어
참새로 나는 서민만을 잡는다

– 중략 –

허공엔 수없이
갈래갈래 찢어진 참새의 마음

사랑의 상처를 키우고

노을이 쏟아진 붉은 세상
허수아비 발치에
나의 젊은 청춘이 엎드려 운다

— 〈허수아비〉 중에서

지난 세월, 병든 세태에 갈기갈기 찢긴 상심을 비감으로 읊고 있는 시인은 결코 후회하지 않음을 되외우고 있다. '지금 땅 끝에 서 있어도 / 이 세상에 온 것만으로 / 내 인생은 아름다웠다'고. 모진 세파에 휘말려 힘겹게 생존해온 시인의 뒷모습이 가상하게 부각되어 우리의 가슴에 잔잔한 파장을 일으키게 한다.

3부 〈바다〉 속에는 다양한 목소리의 시편들이 한 자리에 묶어져 우리의 주목을 환기시킨다.

우선 시 〈나의 작은 가을〉이 조용한 화음으로 다가온다. 가벼운 텃치의 한 폭의 풍경화를 연상케하는 단아한 시편으로 읽힌다.

가을을 한 폭 베어
나는 마음 담고
그대에게 선물하노라
깊은 가을 속
시름에 잠기는
무수히 흩어지는 고요
낙엽 세상을 본다

- 중략 -

나의 작은 가을
한 조각 끊어
그대에게 편지 보냈노라

- 〈나의 작은 가을〉 중에서

가을 정취를 흠뻑 느끼게 하는 〈나의 작은 가을〉은 아름다운 대자연의 풍광을 생동감 있게 읊어 내어 감동이 어느 시편보다도 압도한다. 이 시편과 대조적으로 〈옥수수밭〉에서는 가난한 농군의 아픔과 비애가 아프게 메아리친다.

먼지의 고향 같은
마른허리 보이는 산등성
손에 잡히는 것이 별로 없을
땀방울 심고
배고픈 사람들은
바위같이 단단한 열매가 옥수수이기를

-중략-

긴 가뭄에 그을린
보릿고개 넘는 사람들
때로는 칼날 같은 껍질에
붉은 핏방울 아픔 보이고

132

　유재원 시인의 시세계는 섬세한 서정적 시상으로 아름
다운 화음을 연발하면서 때로는 비감의 엘레지를 또는 열
정적 사랑을 노래하고 있어 독자의 가슴을 크게 흔들게
한다. 그 실상을 유감 없이 보여 주는 시 〈사랑하다 죽으
면〉을 감동 깊게 만나게 된다.

　사랑을 안고 죽으면
　빛나는 별이 된다고

　그리움을 품고 죽으면
　흘러가는 구름이 된다고

　이별을 들고 죽으면
　떠도는 바람이 된다고

　슬픔을 담고 죽으면
　적시는 빗물이 된다고

　그대를 생각하다 죽으면
　별도 구름도 바람도 빗물도 된다네

　'별', '구름', '바람', '빗물'을 소재로 동요조로 읊어
낸 〈사랑하다 죽으면〉은 뜨거운 연가로 우리 모두의 가슴

에 잔잔한 화음으로 스며든다.

이밖에 시 〈정〉과 〈기도〉 등도 유재원 시세계의 다양성을 대표한 가작시편으로 꼽게 된다. 그의 시적 변용을 실감케하는 시향 넘치는 문제작이라 하겠다.

4부 〈별이 뜨면 부르는 노래〉는 같은 시제로 발표된 연작시편들이다. 18편의 각기 다른 제재로 읊어진 이 연작시들은 시인의 오묘한 시상으로 읊어져 현란한 시적 색채를 드러내고 있다. 유시인의 시적 상상력의 깊이와 넓이를 헤아리게 하는 시편들이라고 하겠다.

날갯짓
퍼득이다 마는 한세상
무엇을 얻으려
떨어지는 나무잎조차
그리워 하는가

이 땅이 변하여
모두가 다시 태어나도
슬픈 목소리 새는
슬프게 우는 것을

– 〈별이 뜨면 부르는 노래·1〉 중에서

우리 인간의 삶을 되돌아 보면서 쓸쓸한 고독의 비가를 애닲게 읊어 비감을 안겨준다 .이와 같은 비가는 다음 시편들에서도 되풀이 되어 읊어진다. 그 가락은 꽤나 낭만적 음향으로 열창되어 깊은 인상을 심어준다.

오늘도 구름은 흘러갑니다
잠든 영혼 깨면
다시 서러운 세상
비극의 주인으로 살아야 되는데
구름은 자꾸 흘러갑니다

푸른 하늘에
드디어 막이 오릅니다
영혼이 깨어나 기지개를 켭니다
슬픈 목소리 새들은 바람을 향해
참고 있던 사랑노래
울고 또 웁니다

─ 〈별이 뜨면 부르는 노래·3〉 중에서

유시인의 '사랑 노래'는 결코 예사롭지 않는 인간 생존
의 목소리로 우리 가슴을 울려주기에 충분할 것이다. 그
만큼 찡한 호소력으로 읊어지고 있기 때문이다. 시적 효
용의 보편성이 시의 전편을 관통하고 있다는 증좌이다.
다시 그의 마지막 시편에서 찡한 감동의 음향을 감지하게
된다.

거리는 잎새처럼 부대끼는 사람들
모두는 그렇게 무심하여
혼자 이별을 한다
이미 침묵으로 와버린 봄
혼자만의 근심인지

사월이면
그대의 볼에 피는 꽃
헝클어진 바람 속으로
붉은 복숭아 꽃잎이 날려
하늘에는
그리움의 별이 흐르고

- 〈별이 뜨면 부르는 노래 · 18〉 중에서

세속의 일상에서 되풀이 되는 시인의 고독감은 '혼자 이별을 한다'로 절규된다. 그러면서도 실망하지 않고 사랑의 노래를 크게 열창하는 기쁨이 있다.

이제까지 유재원 시인의 시동산 《허수아비》를 유유자적의 심사로 산책을 마쳤다. 한 마디로 서정적 시향이 충만한 시편들에서 우리들 삶의 애환을 참으로 진솔하게 감지할 수 있었다고 하겠다. 동시에 병든 현실에서 살아 남기 위해 갈기갈기 찢긴 상심을 슬픈 애가로 때로는 사랑의 노래로 열창되기도 하면서 다양한 시적 변용을 성취시키고 있다는 사실을 공감하게 되었다.

유재원 시인의 시세계는 이번 시집 《허수아비》를 계기로 그 신개지를 활짝 열면서 또 한번 크게 비상하게 되리라는 전망을 독자와 함께 걸어 본다.

꽃을 위한 연가

이충운 ‖ 평론가, 연세대 문예창작과 · 영남대 출강

시인은 꽃밭이다. 꽃밭에 꽃이 피는 것은 당연하지만, 시인의 꽃밭은 좀더 각별하다. 시인은 꽃들에 친 · 소를 두지 않는다. 모든 꽃들이 시인에게는 등가이다. 시인의 꽃밭에서는 온갖 꽃들이 싹을 틔워 자라고 피고 진다. 시인의 꽃밭에 없는 꽃들이란, 자연의 넓이와 크기를 얘기해 줄 뿐 시인의 꽃밭의 작음이나 편향성을 의미하지 않는다. 시인의 꽃밭이 아무리 넓다 하더라도 시인의 꽃밭이 품지 못하는 꽃은 있을 수밖에 없을 것이다. 자연은 늘상 그 이상이니까.

시인의 꽃밭에 그 무수한 꽃들이 자라고 피고 지고 하고 있으면서도 시인이 또 꽃들을 그리워하는 까닭이 바로 이것이다. 시인의 꽃밭이 아무리 넓어진다 하더라도 자연의 넓이에는 비할 수 없다는 것.

시인의 네 번째 시집《하얀 꽃으로 피면 사랑도 하얀 줄 알았다》의 머릿글에서 다음처럼 말하고 있다.

세상에 태어나서
꽃구경을 많이 못하고 죽는 것도 죄가 된다 합니다.

시인에게 꽃구경은 자신의 꽃밭에 꽃을 옮겨심는 행위
의 등가이다. 단순히 꽃을 보는 것만으로 어떻게 그것이
꽃밭에 꽃을 심는 행위가 될까. 이것이 우리와 시인과의
차이가 될 것이다. 시인에게 꽃은, 그 어떤 꽃도 심상하지
않다. 그래서 시인은 꽃밭이 될 수밖에 없고, 세상의 모든
것을 자신의 꽃밭에 옮겨심으려 한다. 이것은 단지 꽃을
보는 행위가 자신의 꽃밭에 꽃을 옮겨심는 행위가 되어버
리고 마는 시인에게 있어서는 운명적일 수밖에 없는 일이
다.
　헌데, 시인은 그 꽃구경 속에서 죄를 생각한다. 세상의
모든 꽃을 볼 수 없다는 것, 그것은 시인에게 죄로서 인식
된다. 그러나 시인의 죄의식은 심각하지 않다. 그것은 오
히려 '그리움'으로 대체되는 게 무방할, 그런 정도의 인
식이다. 죄는 의무감을 낳는다. 죄에는 대가가 있게 마련
이니까. 시인이 끊임없이 꽃구경을 요구하는 것은 죄에서
오는 의무감일 수도 있다.
　실상 시인의 꽃밭의 첫 출발은 그와 같은 것으로 여겨
진다. 그러나 시인은 곧 의무감을 넘어선다. 이제 시인이
꽃구경을 하고, 그의 꽃밭에 꽃을 옮겨심는다면 그것은
그리움 때문이다. 꽃에 대한 그리움 때문이다.

　　인간의 소리를 들으려하지 마
　　밖을 향해 손을 내밀지 마
　　이승을 단절한
　　물 속은 숨막히는 세상
　　푸른 머리 풀어제친

상한 마음이 흐른다

눈부신 꽃이 아니라도 좋아
흰꽃으로
내 마음 보일 때까지
출렁이는 멀미로 기다려 줘
글썽이는 서러움이
물밑에 서성인다

〈푸른 머리〉라는 시이다. 미나리를 소재로 한 시이다.
필자는 미나리가 어떤 꽃을 지니고 있는지 모르지만, 이
시를 놓고 추측컨대 물속이나 바닷속에 사는 꽃식물이 아
닌가 싶다. '물 속은 숨막히는 세상'이라 하고 있지 않는
가. 시인의 꽃밭은 단지 땅위에만 머물지 않는다. 전방위
적이다. 그것은 물에서 뿐만아니라 물 속 허공까지를 아
우른다.
　시인은 끊임없이 꽃이 그리워 꽃을 찾아나서지만, 그
찾아나섬은 하늘·땅·물 삼자를 아우르는데 정작 꽃과
대면하면 그 그리움이 꽃에 대한 긍정으로 전환한다.
　시인은 물 속 미나리에게 말한다. 밖을 향해 손을 내밀
지 말라고, 혹은 그것은 미나리의 외침소리였던가. 시인
은 미나리에게서 '상한 마음', '글썽이는 서러움'을 보기
는 한다. 그러나 그 이면은 절실함과 간절함이 안으로 감
아들어있는 상함이요 글썽임이다. 절실함과 간절함은 시
인의 입을 통해서 나오면 아름답다. 미나리는 아름답다.
장미꽃만이 아름다운 것은 아니다.

태양은 선한 자와 악한 자를 가리지 않고 그 빛을 선사
하는 것이다. 그와 마찬가지로 시인의 꽃밭은 꽃의 우열
을 가리지 않고 모든 꽃들을 받아들인다. 시인에게 모든
꽃은 등가인데, 모든 꽃이 아름답다는 그 점에서이다. 시
인에게 모든 꽃은 모두 아름답다.

이는 일반적 선호와는 배치된다. 꽃에는 더 아름다운
게 있고 못한 게 있고, 가치에도 차등이 주어진다. 시인에
게 모든 꽃이 모두 아름다운 것은, 꽃들을 그 외적 가치가
아닌 내적 가치로 보는 소이이다. 내적 가치로 볼 때 모든
꽃은 각각의 취향이 있고 그것은 등가일 수밖에 없다는
것이다.

시인이 꽃구경을 간다고 할 때 그것은 단지 눈에 보이
는 꽃을 보러간다는 의미로 이해되어야 한다. 이쯤되면
시인의 그리움이 어디에 있는가가 어느 정도 윤곽이 드러
나게 된다. 눈에 보이는 것 이면의 본질적인 어떤 것에 대
한 그리움.

소원해진 틈으로
날카롭게 꽂힌
목안에 가시 하나 간직하고
보일 수 없는
고통의 날을 산다

어떻게 대답하랴
큰 목소리로 말을 하면
더욱 떨려오는 아픔

이제는 쉽게
삼킬 수도 없는 사랑
외로운 하루
흰 꽃잎으로 뜬
하얗게 질린 낮달은
소리없이 기우는
저 그리움

　최근 시집 《밤마다 별만 봤다는 거짓말》로 넘어오면, 시인의 꽃밭은 풀어헤쳐져 해소되는 느낌을 받는다. 이는 시인이 더 이상 세상의 꽃을 찾아다니지 않기로 했다거나, 세상의 꽃 모두를 자신의 꽃밭에 담을 수 없음을 자인하게 되었다거나 하는 사실을 의미하지는 않는다. 어쩌면 시인은 세상의 모든 꽃들을 자신의 꽃밭에 담을 수 없음을 자인하게 되었는지는 모른다. 그러나 시인의 그리움이 강화되면 강화되었지 약화되지 않았다는 점에서 볼 때, 그 자인은 반동적이기 보다는 발전적이라고 보아야 할 듯싶다.

　시인은 이제 꽃에서만 꽃을 보는 것이 아니라 꽃이 아닌 사물 속에서도 꽃을 보게 되었다는 것이다. 어떤 의미에서 보자면 최근 시집 《밤마다 별만 봤다는 거짓말》에서의 꽃밭의 해체는 진정한 의미에서는 해체가 아닌 확장일는지도 모른다. 시인의 꽃밭의 넓이가 진짜 세상처럼 자연처럼 넓어지려고 하는 조짐.

　그래서 최근 시집에서는 시인의 관심의 영역이 다양한 사물이나 다양한 관념들로 넓혀지고 있다. 위에 인용한

<그리움>이라는 시는 소원해진 대상에 대한 그리움을 토로하고 있는 시인데, '이제는 삼킬 수도 없는 사랑'이라고 하고 있는 것으로 보아서 그 그리움이 결코 만만치 않은 것임을 알 수 있다. 그러나 시인의 토운은 결코 높지 않다. 지나치게 격정적이지도 않다. 이 점이 이 시의 그리움을 독자로 하여금 더욱 절실히 감득케 하는 요소일 것이다.

꽃에 대한 그리움이 이제는 쉽게 삼킬 수 있는 사랑으로 심화되고 있음을 알 수 있다. 실제 시인은 최근 시집 속에서는 대부분의 경우 '사랑'에 대한 시를 쓰고 있다. 꽃이 그리워 꽃을 찾아 헤매다 사랑에 빠지고 만 시인은 사랑에 대하여 이렇게 읊고 있다.

사랑은

밤마다 하늘을 산책하는
아득한 별빛인지 모른다
풀잎 이슬이 마음에 떨어지는
하얀 종소리인지 모른다

꽃은 사랑이다. 시인은 얘기를 하고 싶어하는 건지 모른다. 꽃이 사랑이라면 굳이 꽃을 찾아 세상을 헤매어 다닐 필요가 없는 것이다. 마음 속에 사랑이 가득하다면 이미 세상의 모든 꽃은 시인에게, 시인의 꽃밭 속에 있는 것이다. 그래서 이제 시인은 사랑에 대하여 노래하는 것이다. '하늘', '봄비', '바다', '거울', '소리', '하루살이'…… 그 어느 것 속에서나 사랑을 노래하고 있지 않는 것이 없다. 그것도 그냥 사랑이 아니다. 가혹한 사랑인 것이다.

봄비 내리면
우산을 접고
소리없이 걸어보자

가슴에 잠긴 찬 기억
한풀씩 벗기고
속까지 젖어내리는

비의 향기
그리움으로 스며
가슴울음 들릴 때까지

봄비 내리면
해빙기로 무너질
가득한 사랑을 하자